BEI GRIN MACHT SICH IHR WISSEN BEZAHLT

AF140645

- Wir veröffentlichen Ihre Hausarbeit,
  Bachelor- und Masterarbeit

- Ihr eigenes eBook und Buch -
  weltweit in allen wichtigen Shops

- Verdienen Sie an jedem Verkauf

Jetzt bei www.GRIN.com hochladen und kostenlos publizieren

Bibliografische Information der Deutschen Nationalbibliothek:

Die Deutsche Bibliothek verzeichnet diese Publikation in der Deutschen National-
bibliografie; detaillierte bibliografische Daten sind im Internet über http://dnb.d-
nb.de/ abrufbar.

Impressum:

Copyright © 2017 GRIN Verlag
Druck und Bindung: Books on Demand GmbH, Norderstedt Germany
ISBN: 9783668923195

Dieses Buch bei GRIN:

https://www.grin.com/document/463779

Luis Marques

SharePoint als Unternehmens-Wiki

GRIN Verlag

GRIN - Your knowledge has value

Der GRIN Verlag publiziert seit 1998 wissenschaftliche Arbeiten von Studenten, Hochschullehrern und anderen Akademikern als eBook und gedrucktes Buch. Die Verlagswebsite www.grin.com ist die ideale Plattform zur Veröffentlichung von Hausarbeiten, Abschlussarbeiten, wissenschaftlichen Aufsätzen, Dissertationen und Fachbüchern.

Besuchen Sie uns im Internet:

http://www.grin.com/

http://www.facebook.com/grincom

http://www.twitter.com/grin_com

FOM Hochschule für Oekonomie & Management
Studienzentrum Stuttgart

Berufsbegleitender Bachelor-Studiengang
Wirtschaftsinformatik

2. Semester

SharePoint als Unternehmens-Wiki

Autor: Luis Marques

Abgabedatum: 26.07.2017

Inhaltsverzeichnis

Abbildungsverzeichnis

1 Einleitung

"Wissen heißt wissen, wo es geschrieben steht." - Albert Einstein

Laut einer Telefonumfrage zum Thema "Produktiver Umgang mit Wissen im Unternehmen" vom Haufe Verlag gemeinsam mit dem Institut für Marktforschung GmbH München im Jahr 2014 wird Wissen als zweit wichtigster Erfolgsfaktor für ein Unternehmen direkt nach den Mitarbeitern gesehen. Aus Sicht der Mitarbeiter ist eine aktuelle und vollständige Wissensbasis entscheidend für die Motivation und die Vermeidung von Mehrarbeit.[1] Der weltweite Wettbewerb erhöht den Druck auf Unternehmen, immer effektiver zu werden und mit gleichbleibender Anzahl an Mitarbeitern mehr Arbeit zu bewältigen. Erschwerend kommt der demografische Wandel hinzu, durch den immer weniger Erwerbstätige verfügbar sind. Es bleibt daher keine Zeit, Mitarbeiter mit dem Suchen von Informationen zu beschäftigen oder Wissen jeweils neu zu erarbeiten, wenn Mitarbeiter aus welchen Gründen auch immer ausscheiden und neue Personen hinzukommen. Unterschiedliche Technologien - sei es aus der Informationstechnik oder in Form von Produktionsmaschinen - helfen den Unternehmen die Effektivität zu steigern und zunehmend produktiver zu werden. Die dafür eingesetzte Technik wird dabei nicht nur besser, sondern ebenso immer komplexer und erfordert eine Spezialisierung der Mitarbeiter im Umgang damit. Das birgt die Gefahr der Abhängigkeit. Wissenstransfer und Wissensmanagement gewinnt vor diesen Hintergründen zunehmend an Bedeutung.[2] Die Informations- und Kommunikations-Branche hält hierzu eine Vielzahl an Plattformen und Werkzeugen bereit. Unter anderem bietet die Firma Microsoft mit dem Produkt SharePoint neben zahlreichen Kollaborationsfunktionen auch ein Unternehmens-Wiki-Modul bereit um Wissensmanagement in den Unternehmen zu etablieren. Die Bedürfnisse im Umgang mit Informationen und Wissen sind allerdings von Unternehmen zu Unternehmen unterschiedlich. In dieser Seminararbeit werden die Möglichkeiten von SharePoint als Unternehmens-Wiki erörtert. Zunächst mit der grundsätzlichen Bedeutung von Wissen und Wissensmanagement in Kapitel 2. Gefolgt von dem Instrument Wiki, auf das in Kapitel 3 eingegangen wird. In Kapitel 4 wird SharePoint als grundlegende Plattform in Unternehmen behandelt. Eine Zusammenfassung und einen Ausblick zum Thema gibt Kapitel 5.

---

[1] Vgl. *Haufe-Lexware GmbH & Co. KG*, Haufe Studie - Wissen in Unternehmen, 2014, S. 20.
[2] Vgl. *Künzel, H.*, Erfolgsfaktor Lean Management 2.0, 2016, S. 13.

2 Wissensmanagement

Der Umgang mit Wissen ist eine Herausforderung für jedes einzelne Unternehmen. Die Anforderungen sind vielfältig und nur schwer zu verallgemeinern. Eine zentrale Aufgabe des Wissensmanagements ist es Erfahrungen aus der Vergangenheit und aktuelle Erkenntnisse, die von Teams erarbeitet werden, als Information zu speichern und darauf zurückzugreifen. Was einfach klingt, gewinnt beim näheren Betrachten jedoch schnell an Komplexität. Zunehmend operieren Unternehmen global und müssen sich dem weltweiten Wettbewerb stellen. Zusammenschlüsse von Unternehmen und Partnerschaften entstehen weltweit. Diese Dezentralisierung erfordert Schnittstellen zu den Standorten beziehungsweise zu den Kooperationspartnern.[3] Wer weiß was und wer darf was wissen, rückt in den Vordergrund. Unterschiedlichstes Knowhow gegebenenfalls in unterschiedlichen Sprachen zu managen bedarf einer gründlichen Überlegung und Planung zur Einführung und Etablierung von Wissensmanagement. Doch was genau ist Wissen, welches gemanagt werden soll?

2.1 Definition Wissen & organisationale Wissensbasis

Theoretische, aber auch praktische Informationen, die von jedem Einzelnen beispielsweise durch Lesen aufgenommen werden, aber auch durch das Tun wie etwa in alltäglichen Situationen stellen die Basis zu Wissen dar. Werden diese Informationen mit der Fähigkeit kombiniert, damit Aufgabenstellungen zu lösen, wird von Wissen gesprochen. Dabei ist festzuhalten, dass Wissen immer an eine Person gebunden ist. Denn nur durch die Umsetzung beziehungsweise die Lösung einer Aufgabenstellung mit den zuvor erlangten Kenntnissen beziehungsweise Informationen zusammen mit der eigenen Erwartung der jeweiligen Person, die Aufgabe zu bewältigen, entsteht Wissen.[4] Das Wissen soll genutzt werden um unternehmerische Ziele zu erreichen. Entsprechend ist die Definition der organisationalen Wissensbasis nicht unerheblich. Wissen innerhalb eines Unternehmens oder in einer Organisation besteht nicht nur aus dem Wissen einzelner Personen. Das Wissen der einzelnen Beteiligten wird zu einem kollektiven Wissensbestand gebündelt, um gemeinsame Herausforderungen zu lösen. Es wird von einer organisationalen Wissensbasis gesprochen soweit auch die Daten zu den Informationen, aus denen die Einzelnen ihr Wissen erarbeitet haben, ebenfalls zur

---

[3] Vgl. Wissensmanagement im Mittelstand, 2016, S. 10.
[4] Vgl. *Probst, G./Raub, S./Romhardt, K.*, Wissen managen, 2012, S. 23.

Verfügung gestellt werden. Die Wissensbasis verändert sich durch die Anwendung und der damit einhergehenden Prozessoptimierung kontinuierlich.[5]

2.2 Bausteine des Wissensmanagements

Die Definition von Wissensmanagement wird vom Gabler Wirtschaftslexikon wie folgt getroffen: "Wissensmanagement beschäftigt sich mit dem Erwerb, der Entwicklung, dem Transfer, der Speicherung sowie der Nutzung von Wissen. Wissensmanagement ist weit mehr als Informationsmanagement."[6] Auch wenn die Aneinanderreihung der einzelnen Punkte logisch und plausibel klingt, hängen diese jedoch nicht fortlaufend zusammen. Es sind eher einzelne Prozesse, die ineinander übergreifen und eng miteinander verbunden sind. Auch haben diese wechselseitig Auswirkungen zueinander und können daher nur schwer isoliert betrachtet werden.[7] Um die Zusammenhänge zu visualisieren, eignet sich folgende Abbildung.

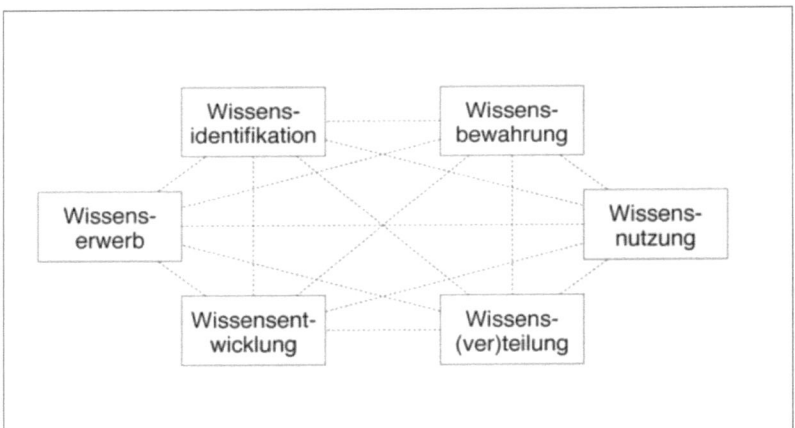

Abbildung 1: Kernprozesse des Wissensmanagements[8]

Dabei werden sechs Kernprozesse identifiziert. Die Wissensidentifikation - von Informationen, die bereits vorliegen, sei es im Unternehmen selbst oder Wissensumfeld außerhalb des Unternehmens. Der Wissenserwerb - die Beschaffung von Wissen aus externen Quellen. Die Wissensentwicklung - die aus der Anwendung von erworbenem oder identifizierten Wissen resultiert. Die Wissensteilung mit anderen, beziehungsweise die Verteilung innerhalb des

---

[5] Vgl. *Probst, G./Raub, S./Romhardt, K.*, Wissen managen, 2012, 23–24.
[6] Definition » Wissensmanagement « | Gabler Wirtschaftslexikon, 2017.
[7] Vgl. *Probst, G./Raub, S./Romhardt, K.*, Wissen managen, 2012, S. 30.
[8] *Probst, G./Raub, S./Romhardt, K.*, Wissen managen, 2012, S. 30.

Unternehmens. Wissensbewahrung - die Sicherstellung, dass das erarbeitete oder erworbene Wissen langfristig zur Verfügung steht. Schlussendlich die Wissensnutzung etwa im produktiven Einsatz, welches das eigentliche Ziel und auch den Zweck des Wissensmanagements darstellt.[9] Werden die einzelnen Prozesse zueinander in Abhängigkeit gesetzt, ergibt sich eher eine Vernetzung von Prozessen als eine Aneinanderreihung von Prozessen.

2.3 Unterscheidung von Informations- und Wissensmanagement

Die Begriffe Information und Wissen werden häufig fälschlicherweise gleichgesetzt. In der Definition von Wissen wird bereits eine Trennung vorgenommen, indem definiert wird, dass Wissen erst durch die individuelle Anwendung von Informationen entsteht. Werden die Kernprozesse im Wissensmanagement betrachtet, ist es denkbar, das Wort Wissen jeweils durch Information zu ersetzen. Es würde jedoch ein anderes Ziel verfolgt als mit dem Managen von Wissen. Der Begriff Informationsmanagement entstand in den 1980er Jahren und beschrieb seinerzeit die Verwaltung der Informationstechnik. Heute beschreibt Informationsmanagement den optimierten Zugang zu Digital- und Print-Medien. Die Möglichkeit der Aufbereitung mit entsprechenden Werkzeugen wie Software bis hin zum strukturierten Ablegen der Informationen.[10] Der Unterschied zwischen Informations- und Wissensmanagement besteht also darin, dass Informationsmanagement die optimale Beschaffung, Aufbereitung und Archivierung von Daten zum Ziel hat, Wissensmanagement hingegen mit der Anwendung der Informationen und somit das Ziel verfolgt, Informationen anzuwenden und daraus Wissen zu generieren.

3 Wiki

Das Internet ist der Zugang zu einer riesigen Bibliothek von Webseiten, die Informationen und Wissen bereitstellen. Der Zugriff auf diese Daten ist nicht nur orts- und zeitunabhängig, sondern auch unabhängig von Software. Ein beliebiger Browser zur Darstellung der Webseiten reicht aus, um auf die Informationen zuzugreifen. Mit der Möglichkeit, nicht nur Webseiten abzurufen, sondern sich aktiv an den Seiten zu beteiligen. Durch kommentieren oder das Schreiben eigener Beiträge, bekam diese Technologie die Bezeichnung Web 2.0.[11] Einer der Anwendungen, die unter dem Stichwort Web 2.0 im Internet zur Verfügung steht, sind Wikis. Somit sind Wikis reine

---

[9] Vgl. *Probst, G./Raub, S./Romhardt, K.*, Wissen managen, 2012, S. 31 f.
[10] Vgl. Vergleich Informations- und Wissensmanagement – InfoWissWiki - Das Wiki der Informationswissenschaft, 2014.
[11] Vgl. Wissensmanagement im Mittelstand, 2016, S. 179.

Webanwendungen. Ward Buckingham entwickelte das erste Wiki mit dem Ziel, Webseiten sehr schnell miteinander zu verknüpfen und dass jedermann egal von wo und zu jeder Zeit die Inhalte auf den Webseiten verändern kann.[12] Das Wort Wiki kommt aus dem Hawaiianischen und bedeutet schnell. Wobei sich das schnell nicht auf das zügige darstellen der Seiten bezieht. Vielmehr geht es um den schnellen Informationsaustausch und der zeitnahen Anreicherung der bereitgestellten Informationen durch Wissen anderer Teilnehmer. Die Seiten können nicht nur gelesen, sondern gleichzeitig von allen Beteiligten aktiv geändert und erweitert werden. Daraus resultiert eine schnell wachsende und dynamische Wissensbasis. Die auf der Wiki-Technologie basierte Online-Enzyklopädie Wikipedia demonstriert am deutlichsten, wieviel Potenzial in der Anwendung steckt. Zu den Kernfunktionen eines Wikis gehören das Bearbeiten einer Seite, die Versionierung und Protokollierung jeder Änderung sowie eine schnelle Volltextsuche. Um die Bearbeitung der Seiten möglichst einfach zu halten, ist die Handhabung ähnlich wie in einer Textverarbeitungs-Software. Auf der eigentlichen Seite kann durch Knopfdruck in den Editiermodus gewechselt werden, um Inhalte zu verändern. Das Einfügen von Bildern und Verweise auf andere Seiten ist dabei ebenso möglich. Da sich theoretisch jeder Inhalt verändern lässt, auch anderer Teilnehmer, wird im Hintergrund eine Protokollierung jeder Änderung durchgeführt, um nachvollziehen zu können, wann und von wem die Veränderung vorgenommen wurde. Die Versionierung ermöglicht die chronologische Darstellung der Veränderungen. Informationen können dadurch nie verloren gehen, da immer auf die vorherige Version zurückgegriffen werden kann. Kernfunktion eines Wikis ist die Volltextsuche, mit der alle Seiten nach Vorkommen von Suchbegriffen durchsucht und identifiziert werden. Einsatzmöglichkeiten von Wikis in Unternehmen gibt es viele und werden durch das offene Konzept der Technologie nicht eingeschränkt. Zu Dokumentationszwecken oder als Nachschlagewerk wie beispielsweise einem Organisationshandbuch werden Wikis nutzbringend bereits eingesetzt. Wikis die in Unternehmen eingesetzt werden, besitzen in der Regel einen erweiterten Funktionsumfang wie Zugriffsrechte-Verwaltung, E-Mail-Benachrichtigung und Workflow Module. Sie werden daher auch als Enterprise-Wikis oder auch Unternehmens-Wikis bezeichnet. [13]

---

[12] Vgl. Wissensmanagement im Mittelstand, 2016, S. 181 f.
[13] Vgl. Wissensmanagement im Mittelstand, 2016, S. 141 ff.

3.1 Faktoren und Voraussetzung für Unternehmens-Wikis

Der Ansatz von Unternehmens-Wikis ist nicht einfach ein weiteres Tool im Intranet. Um eine erfolgreiche Etablierung und Nutzung zu erreichen, müssen zunächst die Voraussetzungen geschaffen werden. Der Erfolg einer solchen Anwendung in Unternehmen hängt von drei wesentlichen Faktoren ab. Dem Faktor Mensch, der Organisation-Struktur sowie von den Funktionen des Systems.[14]

3.1.1 Faktor Mensch

Generell spielt die Motivation der Mitarbeiter zur erfolgreichen Nutzung der Wiki-Tools eine erhebliche Rolle. Die Bereitstellung und das Teilen von Wissen ist eine Einstellungssache, die häufig vom Leitspruch "Wissen ist Macht" – Francis Bacon – geprägt ist. Gefürchtet wird dabei der Machtverlust durch die Weitergabe von Wissen und stellt damit einen Stolperstein auf dem Weg zum Wissensmanagement dar. Die Mitarbeiter müssen vom Vorhaben und dem Konzept überzeugt werden und den Nutzen darin erkennen, sich daran zu beteiligen. Idealerweise durch die primäre lustorientierte Motivation das Vorhaben anzugehen und mit ihrem Hadeln sich selbst aber auch anderen etwas Gutes tun. Der Mensch ist in einem solchen Projekt der wohl kritische Faktor.[15]

3.1.2 Faktor Organisation

Vertrauen in die Selbstständigkeit der Mitarbeiter, Unterstützung durch die Unternehmensleitung und Mut zur Selbstorganisation sind wichtige Voraussetzungen im Projekt.[16] In öffentlichen Wikis ist die Philosophie der freiwilligen Beteiligung grundlegender Bestandteil. Das sollte auch im Unternehmens-Wiki der Fall sein. Umso mehr Restriktionen oder Zwang ausgeübt wird umso höher die Gefahr, dass die Mitarbeiter das Projekt torpedieren. Das eigentliche Potenzial eines solchen Systems würde damit verloren gehen.[17]

---

[14] Vgl. *Seibert, M./Preuss, S./Rauer, M.*, Enterprise Wikis, 2011, S. 116.
[15] Vgl. *Seibert, M./Preuss, S./Rauer, M.*, Enterprise Wikis, 2011, S. 239.
[16] Vgl. *Seibert, M./Preuss, S./Rauer, M.*, Enterprise Wikis, 2011, S. 134.
[17] Vgl. *Seibert, M./Preuss, S./Rauer, M.*, Enterprise Wikis, 2011, S. 225.

3.1.3 Faktor Funktionen, Usability und Technik

Der technologische Aspekt entscheidet ebenfalls über den Erfolg oder Misserfolg des Vorhabens. Zwar haben aktuell alle verfügbaren Wiki's vergleichbare Funktionalitäten, es kommt jedoch auf den Verwendungszweck an. Um die Wiki-Technologie hinsichtlich des Wissensmanagements zu verwenden, tragen die folgenden Funktionen und deren Handhabbarkeit eine erhebliche Rolle. Die Benutzerfreundlichkeit bei der Erstellung und Veränderung von Inhalten sollten dem entsprechen, wie die Anwender es aus Microsoft Word gewohnt sind. Funktionalitäten wie Tabellen erstellen oder Bilder und Videos per Drag & Drop in das Wiki System zu ziehen, helfen dabei. Der Aufwand sollte so gering wie möglich sein, das System zu benutzen, um die Aktualität der Inhalte zu gewährleisten und neue Inhalte zu schaffen. Sind die Seiten im Layout des Unternehmens, erhöht das die Wiedererkennung und die Akzeptanz. Transparenz und Nachvollziehbarkeit gehören bereits zu den Kernfunktionen von Wikis. In Unternehmens-Wikis spielt das in besonderem Maße eine Rolle, um Fehlinformationen zu verhindern. Durch Benachrichtigungsfunktionen per E-Mail wird die Transparenz erhöht, indem Änderungen an einer Seite mit allen Beteiligten automatisch kommuniziert werden. Gleichzeitig wird der Informationsfluss gesteigert. Beurteilungsmöglichkeiten der Beiträge erhöht die Qualität der Beiträge. Ein Großteil der Teilnehmer wird das System eher passiv zur Recherche verwenden. Wird ihnen die Möglichkeit gegeben, in Form einer ein- bis fünf- Sterne-Bewertung den Informationsgehalt zu beurteilen, gibt das dem Autor den Anreiz, die Artikel zu überarbeiten und motiviert dabei, weitere Artikel zu schreiben. Das Rechte- und Zugriffs-Konzept kann nicht vernachlässigt werden. Ein feingranulares Rechtemanagement zur Wahrung von sensiblen Unternehmensdaten oder von unerlaubtem Zugriff muss ebenfalls Bestandteil des Systems sein und auch beherrschbar sein. Eine Anbindung an bereits vorhandene Zugriffssysteme wie das Active Directory von Microsoft helfen Systemadministratoren bei der Einführung, verhindern zugleich aber auch, dass Benutzer ein weiteres Login und Passwort erhalten. Die verwendete Technologie sollte in die Infrastruktur des Unternehmens passen, um auch den administrativen Aufwand, gegebenenfalls auch die Migration von Daten so klein wie möglich zu halten.[18]

---

[18] Vgl. *Seibert, M./Preuss, S./Rauer, M.*, Enterprise Wikis, 2011, S. 96 f.

3.2 Auswahl des WIKI-Systems

Es gibt viele unterschiedliche Wiki-Tools, die speziell für den Einsatz in Unternehmen konzipiert sind. Die Lösungen reichen von einfachen Produkten, die sich auf die wichtigsten Funktionen konzentrieren, bis hin zu komplexen Softwaresystemen. Dem Funktionsumfang sind kaum noch Grenzen gesetzt und gehen zum Teil weit über den Bedarf hinaus. Pumacy Technologies empfiehlt als Hilfestellung für die Auswahl das Vergleichsportal WikiMatrix, auf dem sich die Eigenschaften von zahlreichen Wiki-Softwarelösungen vergleichen lassen.[19] Anhand der vorhergehenden Kriterien, wird neben Confluence, das als populärstes kommerzielles Firmenwiki auf dem Markt ist, auch Microsoft SharePoint aufgezählt. Strenggenommen ist SharePoint kein eigenständiges Wiki, sondern eine Plattform mit unterschiedlichsten Anwendungen. Jedoch bringt SharePoint die Möglichkeit mit, ein oder mehrere Wikis einzurichten, die den genannten Kriterien entsprechen.

4 SharePoint

Der Microsoft SharePoint Server ist eine Serverkomponente, die Microsoft seit dem Jahr 2001 auf dem Markt hat. Mit Microsoft SharePoint lassen sich unter anderem Daten in unternehmensweiten Portalen (Intranet) strukturieren. Die Grundidee besteht in der Zusammenarbeit (Kollaboration) innerhalb einer Organisation oder eines Unternehmens, bietet aber auch die Möglichkeit über die Unternehmensgrenzen hinaus Funktionen zur Verfügung zu stellen.[20] Aktuell steht SharePoint Server in der Version 2016 als kostenpflichtiges Software-Paket für On-Premise-Umgebungen zur Verfügung. Die in der Version 2013 kostenfreie Foundation Version wird es laut Microsoft so nicht mehr geben. Dafür konzentriert sich der Konzern, SharePoint mit den Office365-Diensten über die Cloud zur Verfügung zu stellen und zu vermarkten. Eine Stärke der SharePoint Technologien ist die enge Verzahnung mit den Betriebssystemen und Anwendungen aus dem Hause Microsoft. Alle Technologien wie das Active Directory für die Benutzer und Zugriffsverwaltung, Exchange Server für die E-Mail-Kommunikation bis zu den gängigen Office Produkten Word und Excel werden direkt unterstützt. Das erleichtert die Implementierung des Systems zumindest dahingehend, dass die Benutzer in ihrer gewohnten Umgebung bleiben. Gestaltungsmöglichkeiten, Konfigurierbarkeit

---

[19] Vgl. Die Qual der Wiki-Wahl. Wikis für Wissensmanagement in Organisationen | Pumacy Technologies AG.
[20] Vgl. *Wikipedia*, SharePoint, 2017.

und Funktionsumfang sind dabei sehr umfangreich.[21] Microsoft SharePoint wird bereits in vielen Unternehmen eingesetzt, sei es als Dokumenten Management-System oder zur Abbildung von Geschäftsprozessen. Bei der SharePoint Anwenderstudie von 2016 gaben fast 59 % der Befragten an, SharePoint bereits im Unternehmen als Wissensmanagement zu nutzen, weitere 26 % planen es künftig einzuführen.[22]

4.1 Funktionsbereiche von SharePoint

Die Funktionsbereiche von SharePoint lassen sich in sechs Bereiche unterteilen. In der Zusammenarbeit von Mitarbeitern, Communities und Wissensmanagement, Dokumentenmanagement, Web Content Management, Suchen und Finden sowie Business Intelligence. Der Bereich Zusammenarbeit von Mitarbeitern hat den Fokus auf dem gemeinsamen Bearbeiten von Dokumenten und dem Austausch von Informationen. Communities und Wissensmanagement bietet die Möglichkeit, Netzwerke zu gründen für den formellen, aber auch informellen Austausch. Das Dokumentenmanagement stellt eine zentrale strukturierte Ablage von Dokumenten bereit, die von der Erstellung, Prüfung und Veröffentlichung von Inhalten verwendet wird. Gleiches gilt auch für das Web Content Management, welches jedoch darüber hinaus die Veröffentlichung der Dokumente in Form von Webseiten im Internet ermöglicht. Suchen und Finden bietet eine überaus mächtige Funktion, um Inhalte, Personen und Dokumente unternehmensweit zu finden. Die Business Intelligence-Dienste ermöglichen es, wesentliche Unternehmensdaten aufbereitet zur Verfügung zu stellen.[23]

4.2 Wikis in SharePoint

SharePoint unterscheidet zwischen einem Unternehmens-Wiki und einer Wiki-Seitenbibliothek. Der Unterschied liegt darin, dass bei der Wiki-Seitenbibliothek es sich um eine Funktion innerhalb des Bereiches der Zusammenarbeit handelt. Das kann dazu verwendet werden, innerhalb von Teams zu bestimmten Projekten Wissen zu dokumentieren und zu teilen. Unternehmens-Wiki stellt eine eigenständige Webseite dar, bei der es ausschließlich um die Erfassung, Verteilung und Bearbeiten von Wissenselementen geht über die Grenzen von Abteilungen

---

[21] Vgl. *Enders, N.*, SharePoint 2016 für Anwender, 2016, S. 29.
[22] Vgl. SharePoint-Studie 2016: So bewerten deutsche Firmen Microsoft SharePoint, S. 23.
[23] Vgl. *Enders, N.*, SharePoint 2016 für Anwender, 2016, S. 31 f.

hinweg. Beim Fokus unternehmensweit Wissensmanagement zu betreiben, sollte auf das Unternehmens-Wiki gesetzt werden. [24]

4.3 Unternehmens-Wiki-Funktionen in SharePoint

Das SharePoint Unternehmens-Wiki bietet die wesentlichen Kernfunktionen von Wiki Anwendungen. Die Funktionen wurden in den letzten Jahren kontinuierlich weiterentwickelt. Die Benutzeroberfläche wurde vereinfacht und die mitgelieferten Seitenlayouts lehnen sich an die aktuellen Office Produkte an. Auch die Benutzung ähnelt der Office Produktpalette und ermöglicht eine schnelle Einarbeitung bei der Veröffentlichung von Wissenselementen. Bei Bedarf kann das Aussehen mit dem SharePoint Designer und Visual Studio vollständig an das Unternehmenslayout angepasst werden. Den Anwendern können unterschiedliche vordefinierte Layouts zur Auswahl gestellt werden, die je nach Art der Informationen die bestmöglichste Darstellung bieten. Durch die Wiki Kategorien können Seiten kategorisiert und Zielgruppen direkt zugewiesen werden. Die Benutzerverwaltung wird vollständig aus dem Active Directory Verzeichnisdienst übernommen. Je Seite kann eine Zuweisung zu Gruppen aus dem Benutzerverzeichnis werden, die über Veränderungen und Aufnahme von Seiten automatisch informiert werden. Eine Bewertungsfunktion je Seite steht ebenfalls zur Verfügung, um die Qualität der Information von den Lesern bewerten zu lassen. Durch sogenannte Webparts, lassen sich alle Office Dokumente einbinden und auch direkt auf den Seiten darstellen. Damit können auch Berechnungen dargestellt werden, die sich automatisch aktualisieren, wenn der Besitzer des Dokuments die Daten anpasst. Formulare können ebenfalls auf den Seiten implementiert werden, um so direkt Workflows zu genieren oder um weitere Daten zu sammeln, um das Wissen durch neue Daten zu erweitern.

---

[24] Vgl. *Maier, T.*, Unternehmenswiki oder Wiki-Seitenbibliothek - ein Vergleich - Wo liegt der Unterschied? - SharePoint-Schwabe - Thomas Maier.

5 Zusammenfassung und Ausblick

Ziel der Seminararbeit war es darzustellen, welche Bedeutung Wissen in Unternehmen hat. Die Wiki-Technologie als Werkzeug um das Wissen zu managen, sowie Microsoft SharePoint als Plattform für ein Unternehmens-Wiki vorzustellen. Informationen und Wissen effektiv zu managen, ist angesichts der stetig steigenden Menge an Daten für Unternehmen eine Herausforderung und Chance zugleich. Das grundlegende Verständnis aller Begriffe und möglichen Technologien in diesem Zusammenhang hilft dabei die erforderlichen Schritte zu initiieren. Die zur Verfügung stehenden technischen Möglichkeiten stellen dabei lediglich Werkzeuge dar, denn Wissen hat mit Denken zu tun. Dieses Wissen als Information zur Verfügung zu stellen, um es in kollektives Wissen umzuwandeln, ist eine Frage der Motivation von allen beteiligten. Denn der über allem stehende Faktor ist der Mensch. Nur mit ihm kann die Plattform zum Wissensmanagement funktionieren. Der zentrale Vorteil von Enterprise Wikis besteht darin, dass sie eine zwanglose Teamarbeit erlauben und damit eine Plattform bieten, kreative und innovative Ideen einfach und schnell gemeinschaftlich zu generieren. Sie schaffen Transparenz über das komplette unternehmensweite Knowhow und fördern die Produktivität. SharePoint als Plattform für Unternehmens-Wikis, zu verwenden ist unter Berücksichtigung der vielen anderen Funktionsbereiche eine sinnvolle und zugleich schnelle Möglichkeit, um ein Wissensmanagement einzuführen, zumal wenn bereits andere Funktionen aus SharePoint im Unternehmen Verwendung finden. Durch die von Microsoft intensiv verfolgte Strategie "Cloud first! Mobile first!" und der SharePoint Bereitstellung über die Office365 Dienste wird die Implementierung von SharePoint künftig einfacher und schneller möglich. Innovationen stehen direkt zur Verfügung, ohne sich mit der aufwändigen Administration zu beschäftigen. Auf Informationen schnell und von überall zuzugreifen wird durch APP's, die Microsoft für die gängigsten Plattformen bereitstellt, bereits heute ermöglicht. Sie werden künftig eine noch größere Rolle spielen. Die kontinuierliche Weiterentwicklung der Plattform und die immer einfacher werdenden Bereitstellungsmöglichkeiten versprechen die Investitionssicherheit des Systems.

6 Literaturverzeichnis

Enders, Nicole (SharePoint 2016 für Anwender, 2016): SharePoint 2016 für Anwender: Das umfassende Handbuch, 2. aktualisierte und erweiterte Auflage, Bonn: Rheinwerk Computing, 2016

Haufe-Lexware GmbH & Co. KG (Haufe Studie - Wissen in Unternehmen, 2014): Haufe Studie - Wissen in Unternehmen (2014)

Künzel, Hansjörg (Erfolgsfaktor Lean Management 2.0, 2016): Erfolgsfaktor Lean Management 2.0: Wettbewerbsfähige Verschlankung auf nachhaltige und kundenorientierte Weise, Berlin/Heidelberg: Springer Gabler, 2016

Probst, Gilbert/Raub, Steffen/Romhardt, Kai (Wissen managen, 2012): Wissen managen: Wie Unternehmen ihre wertvollste Ressource optimal nutzen, 7. Aufl., Wiesbaden: Springer Gabler, 2012

Seibert, Martin/Preuss, Sebastian/Rauer, Matthias (Enterprise Wikis, 2011): Enterprise Wikis: Die erfolgreiche Einführung und Nutzung von Wikis in Unternehmen, Wiesbaden: Gabler Verlag / Springer Fachmedien Wiesbaden GmbH Wiesbaden, 2011

(Wissensmanagement im Mittelstand, 2016): Wissensmanagement im Mittelstand: Grundlagen - Lösungen - Praxisbeispiele, 2. vollständig überarbeitete und ergänzte Auflage, Berlin/Heidelberg: Springer Gabler, 2016

Hitzges, Arno; Riemke-Gurzki, Thorsten: SharePoint Anwenderstudie/SharePoint Anwenderstudie 2016

7 Internetquellen

Definition » Wissensmanagement « | Gabler Wirtschaftslexikon (Definition »
    Wissensmanagement « | Gabler Wirtschaftslexikon, 2017),
    http://wirtschaftslexikon.gabler.de/Definition/wissensmanagement.html#erklaeru
    ng (Zugriff: 2017-05-20)

Die Qual der Wiki-Wahl. Wikis für Wissensmanagement in Organisationen |
    Pumacy Technologies AG (Die Qual der Wiki-Wahl. Wikis für
    Wissensmanagement in Organisationen | Pumacy Technologies AG),
    https://www.pumacy.de/publikationen/studien/wikis-fuer-wissensmanagement/
    (Zugriff: 2017-05-25)

Maier, Thomas (Unternehmenswiki oder Wiki-Seitenbibliothek - ein Vergleich - Wo
    liegt der Unterschied? - SharePoint-Schwabe - Thomas Maier):
    Unternehmenswiki oder Wiki-Seitenbibliothek - ein Vergleich - Wo liegt der
    Unterschied? - SharePoint-Schwabe - Thomas Maier, https://www.sharepoint-
    schwabe.de/unternehmenswiki-oder-wiki-seitenbibliothek-ein-vergleich-wo-liegt-
    der-unterschied/ (Zugriff: 2017-05-23)

Vergleich Informations- und Wissensmanagement – InfoWissWiki - Das Wiki der
    Informationswissenschaft (Vergleich Informations- und Wissensmanagement –
    InfoWissWiki - Das Wiki der Informationswissenschaft, 2014),
    http://wiki.infowiss.net/Vergleich_Informations-_und_Wissensmanagement
    (Zugriff: 2017-05-20)

SharePoint (SharePoint, 2017),
    https://de.wikipedia.org/w/index.php?oldid=165817066 (Zugriff: 2017-07-06)

BEI GRIN MACHT SICH IHR
WISSEN BEZAHLT

- Wir veröffentlichen Ihre Hausarbeit,
  Bachelor- und Masterarbeit

- Ihr eigenes eBook und Buch -
  weltweit in allen wichtigen Shops

- Verdienen Sie an jedem Verkauf

Jetzt bei www.GRIN.com hochladen
und kostenlos publizieren